自我管理方法论

看清工作中的一些本质
让工作从此简单、高效并充满价值

崔迎·著

SPM 南方传媒 | 广东经济出版社

·广州·

图书在版编目（CIP）数据

自我管理方法论 / 崔迎著. —广州：广东经济出版社，2023. 1
ISBN 978 –7 –5454 –8618 –6

Ⅰ. ①自… Ⅱ. ①崔… Ⅲ. ①自我管理—方法论 Ⅳ. ①C912. 1 –03

中国版本图书馆 CIP 数据核字（2022）第 239621 号

责任编辑：易 伦
责任校对：李玉娴
责任技编：陆俊帆

自我管理方法论
ZIWO GUANLI FANGFA LUN

出版人	李 鹏
出版发行	广东经济出版社（广州市环市东路水荫路 11 号 11 ～ 12 楼）
经 销	全国新华书店
印 刷	广州市豪威彩色印务有限公司 （广州市增城区宁西街新和南路 4 号）
开 本	889 毫米 ×1194 毫米 1/32
印 张	6. 125
字 数	95 千字
版 次	2023 年 1 月第 1 版
印 次	2023 年 1 月第 1 次
书 号	ISBN 978 –7 –5454 –8618 –6
定 价	52. 00 元

广东经济出版社网址：http://www. gebook. com 微博：http://e. weibo. com/gebook
图书营销中心地址：广州市环市东路水荫路 11 号 11 楼
电话：（020）87393830 邮政编码：510075
如发现印装质量问题，影响阅读，请与承印厂联系调换
广东经济出版社常年法律顾问：胡志海律师

前言

本书不是一本培训教材，而是自己在思考一些问题时所做的记录。

我的思考基于以下逻辑：

如果人生是一颗树，那么名誉与物质就是花和果，而这两者又来自我们的行为（树枝）、思维（树干）、心态（树根）、愿景（种子）。由树的生长规律可推论出：人的愿景影响了心态，心态影响了思维，思维影响了行为，行为决定了能取得的名誉与物质。

根据思考的逻辑，我将书分为五章。第一章的主题是“愿”，内容与目标相关；第二章的主题是“心”，内容与心态相关；第三章的主题是“思”，内容与思维相关；第四章的主题是“行”，内容与方法相关；第五章是在形成自我管理方法论时曾有过的一些思考。

在这要特别说明：自我管理落地后，实施的逻辑与思考的逻辑是相反的，即行为改变了思维，思维改变了心态，心态改变了愿景。

本书有三个特点：

1. 内容简单。我没讲太多的逻辑分析，更多是讲如何做，因为我相信读者自己会去思考背后的逻辑并能够举一反三。引发读者思考，这是我希望发生的事。

2. 源自实践。本书所讲内容都是我在工作实践中遇到形形色色的问题时产生的思考，相信很多读者也曾在工作中遇到过同样的问题。

3. 大量留白。留白的目的是希望读者在阅读的过程中拿起笔来，写下自己的思考。

在此，特别感谢何俊颖老师多年的教导！

更感谢我的老板管国如董事长所给予的平台与爱护！

对外战争，对内比赛（代序）

企业中就两件事：一是经营，即“外部战争”；二是管理，即“内部竞赛”。

（一）外部战争

在非垄断行业，我们和对手在产品、渠道、消费者等领域展开了一场“你死我活”的战争。关于这场战争，有几点需要说明：

第一，战争没有规则，但要讲道义。没有道义的打法会带来短暂的胜利，但最终会导致失败。而所谓“道义”，就是我们平常说的“底线”。

第二，要有战斗意识。当看到我们的产品不如别人时，或者看到对方已经发起进攻时，必须采取战斗行动，如果不行动，那么就等于举白旗投降。有的人会以“资源少”等作为投降的理由，但实际上，资源少也有资源少的打法，打不打得赢是一回事，愿不愿意打则是另一回事，经营的精神就是可以“光荣牺牲”但不可以投降。若能在资源少的情况下打赢，那毫无疑问是一次提升自己能力的历练。

第三，战术和战略之间存在辩证关系。整体上以战略为导向，局部的、阶段性的打法则以战术为导向，而战术会推动战略的变化。战术的核心就是适用性，即以“可以做到”为导向，这也是一切方案执行的关键。参与战役时要具有想象力，否则无法出奇制胜。此外，战术要能够落地，否则无法快速发动攻势。抓住一个小小的机会，或将己方一个小小的亮点放大，往往就能改变战局。但如果不具有坚韧的品格、坚定的目标，以及坚信战略会成功，那么很难看到扭转战局的关键所在。

（二）内部竞赛

内部竞赛是一场场赛跑，目标是终点线，而企业的规则就是赛跑的规则，参赛者在跑的过程中不能犯规，也不能越出跑道。

赛跑能否取胜的关键点之一是起跑的动作。有的人在发令枪没响之前就已经做了充分的热身活动，枪一响便迅速冲出；而有的人热身不足，反应迟钝，发令枪响了还停留在原地。

能否取胜的关键点之二是跑的速度。有的人眼中只有目标，全力冲刺；而有的人则边跑边东想西想，琢磨比赛是否公平、身体状态是否不佳。

能否取胜的关键点之三是遵守规则的情况。有的人虽然冲得快，但快到终点时犯了规，前功尽弃，而有的人则光惦记着不能违规，脚步迈得过于缓慢。

一言概之，能承受多大的压力，就能做出多大的业绩，那些无惧战斗和竞争，努力而坚定前行的人，也将在物质、精神、人格等方面有更多、更完美的收获！

contents

目录

03 PART 思（逻辑）　/ 75

04 PART 行（方法） / 103

01

PART

愿（目标）

一、很多人的目标永远只是空想

还记得你之前定过的目标吗？随着时间的推移，你的目标是越来越远了呢，还是早已遗忘了呢？你有没有抱怨“理想很丰满，现实很骨感”？

你有没有思考过，当初为什么设定那样的目标？是受刺激之下的冲动，还是真的想去实现？

很多人在制定目标的时候忽略了目的性及可操作性。目标会让我们“聚焦方向”（提高关注度），从而放下那些和目标无关的事情，但人的精力是有限的，所以需要对目标进行管理。什么结果都想要，其实就是没有目标。你愿意为了某个目标而舍弃其他吗？如果不愿意，那么说明这个目标的目的性不够明确，无法使你把精力聚焦在某个方向上。欲追逐目标，先要懂得放弃其他。

目标不是虚构的希望，而是行动的引路灯。目标是用来逼迫自己改变的，逼自己跳出“舒适区”。但很多人就是不愿意跳出“舒适区”，所以他们的目标就变成了空想。

目标的作用是让人在当下就做一些事情——“积累”和“准备”，每一天都应该为实现目标积累一些东西，准备一些东西。

就职业目标而言，一定要具有可操作性。例如，如果你的职业目标是“我要得到×××”，那么你会找不到实现目标的路径，也无法提起工作的热情，反而会深陷误区，只会抱怨环境对自己不公平。

职业目标应该是“成为×××”。你要相信，当你成为那样的人后，你期待得到的自然会得到，为了“成为×××”而采取的行动才是可执行的。例如：

“我的目标是成为这个行业中销售力最强的销

售人员！”

“我的目标是成为当地最专业的人力资源经理！”

“我的目标是成为川南总经理！”

当你的目标这样设定时，你才能找到可以落地的行动方式。

职业目标可以从“行业”“职业”“企业”三个维度来思考：

1. 行业维度的目标：我要成为这个行业中的×××。

2. 职业维度的目标：我要成为这个职业中的×××。

3. 企业维度的目标：我要成为这家企业中的×××。

如果还没有想好目标是什么，或者目标还不够明确，该怎么做呢？

有目标的话，就用目标来激励自己，奔向目标；没有目标的话，就把目前能做的工作做好，打好基础，等确立了目标，就不需要从零开始了。

开始行动吧，现在一切都来得及！

写下你的目标：

我的目标是成为________________________________
________________________________。

我为此而奋斗！

我现在每天努力地工作是为实现目标进行积累和准备！

实现目标的时间可能远比我想象中的要长，但我会坚持！

二、目标与“坐标”

目标是“未来的”“抽象的”“想象的”，有的人会受当前思维能力的限制，想象不出未来的样子，难以确立起一个具体的目标。不过，无论心中是否有目标，都可以从现实中找一个人作为自己的“坐标”。这个人必须是可以与之打交道的（最好每天都能看到），而不是一个自己无法接触到的人。例如，如果你的目标是成为当地最专业的人力资源经理，那么你可以把自己公司的人力资源经理或者其他公司的人力资源经理视为“坐标”。

“坐标”确定后，我们要观察、模仿其行为和思维——观察其在面对问题时的状态、采取的解决方法，同时思考："他为什么这样处理？""如果是我，该如何处理？"在遇到类似的问题时，模仿其一些做法，以真正领会其中的道理。在观察和模仿的基础上，找到适合自己个性的方法，或者找到更多的方法，实现对"坐标"的超越。

○"刚开始做销售的时候，我的'坐标'就是我的上级。我希望自己能成为和他一样优秀的营销总监，所以，跟他在一起时，我总是不断地观察和记录下他使用的方法，然后自己去用。我发现，他的方法使用起来有些有效果，有些毫无作用。事后我会总结为什么那些方法自己使用起来却没有效果，慢慢地就找到了方法背后的逻辑，而找到了方法背后的逻辑后，就找到了很多适合自己的新方法。在观察他做事的同时，我也会问自己：'如果我是营销总监，这种情况下我会怎么做？'不知不觉中，我习惯了用营销总监的思维去思考。最后我确实成了营销总监，而至今做起事来也还是有他的影子和风格。”

观察、模仿和超越，其实就是“站在巨人的肩膀上”。

如果你走近了“坐标”，深入了解他之后，却发现他在为人方面有负面的表现，怎么办？记住：取其好处用之，取其长处学之。你的目的不是成为他，而是超越他！

开始行动吧，现在一切都来得及！

写下你的“坐标”：

我的坐标是____。

三、目标的本质

目标的本质是改变自己行为习惯、思维习惯的动力。

如果你的上级对你说“去复印一下这份文件”，那么你大概率会按照正常的工作节奏去复印。但如果你的上级说的是“去复印一下这个文件，10 分钟内交给我，因为 15 分钟后有个会议要用。每个字都要复印清楚”，那么即便你平时就是一个做事很慢又总是有些漫不经心的人，这时也会变得动作很快并且很认真。为何？就是因为你有了目标。

即便没有任何人向你提要求，你也应该给自己定下一个目标。有了目标后你就会发现，有一股神奇的力量在推动你改变。在工作中，如果上级布置了任务但没有提要求，那么你最好多问几句，或者自觉地提高任务的完成效率和完成质量。

〇假如你昨天的业绩是100，今天定下的业绩目标依然是100，那么你的心态就会是“慢慢干”。

〇假如你昨天的业绩是100，今天定下的业绩目标是120，那么你的心态就会是“赶快干”。（心态改变）

〇假如你昨天的业绩是100，今天定下的业绩目标是150，那么你的想法就会是“换个方法干”。（思维改变）

目标增长20%，就会逼着我们改变心态；目标增长50%，就会逼着我们改变思维。那些愿意把目标翻倍的人，是勇于不断挑战自我的人。

心中有目标，人就不会麻木，因为追逐目标使人产生热情，而实现目标则使人获得价值感。很多人感觉工作没意思、自己的价值得不到体现，原因就是没有明确的工作目标。你的上级总是不给你提要求、设目标并不是什么好事（虽然你可能喜欢这样的上级），这种环境不利于你的发展，因为你会慢慢地失去很多东西——积极的心态、活跃的思维、勇敢的斗志。

开始行动吧，现在一切都来得及！

要求自己每做一件事情都会设定下一个想要达到的目标。

把这种做事习惯变成本能。

四、目标的层级

从职业的角度来看，目标可分为大目标、中目标、小目标三个层级。

为什么要给目标分层级？因为目标与现状的距离太过遥远的话，难以给人以压力，而目标与现状的距离太近的话，又会令人失去想象力。

三个建议：

1. 把“成为什么”设为大目标，用 5 ~ 10 年的时间去实现。大目标是对自己未来的定位。

2. 中目标是“具备什么”，用 5 年左右的时间去实现。从职业周期来看，大部分人在工作的前两年都是在熟悉职业及行业，找到工作开展或行业运转的根本逻辑；第三、第四年是实践和验证自己的思想；第五年形成自己独有的思维体系，思想趋向完善和成熟。

3. 小目标是“做成什么”，用 1 年的时间去实现，也即自己的年度目标。

开始行动吧，现在一切都来得及！

写下你的三级目标：

大目标：________________________________

____

中目标：________________________________

____

小目标：________________________________

____

五、目标的实现路径

目标是“向内”的，即人有了目标之后，就会向自己提出要求。

设定明确的目标后，就要问自己、问别人：“我需要具备什么?”把得到的答案写下来，按照答案中的内容去学习、积累。

如果你的目标是“成为大区经理”，那么可以肯定，答案之一是“需要具备大区经理的言行水准”，故而，从现在起，你的一言一行就得有大区经理的风范，并努力提升言行表现的水准。不要害怕自己会不会“东施效颦”，即便你的言行表现是装出来的，坚持“装”下去，最后就会变成真的了。

从许多成功者的身上，我们能看到目标的实现路径：

做到什么→具备什么→成为什么

“今天”的你做到什么，决定了“明天”的你具备什么，“后天”的你成为什么。

把这个路径反过来，就是将目标落地的方法。

〇我的目标是“成为行业内最专业的人力资源经理”。

要想实现这个目标，我需要具备以下素质：理解企业战略、企业文化，掌握人力资源管理的专业知识，熟悉企业业务，了解企业人员、组织的结构和管理体系，懂得如何沟通与组织……

现在我要做到什么呢？在工作方面，我要做到……在学习方面，我要做到……

人要清楚自己“要去哪”，更要清楚自己“现在在哪”。做好当下的每件事情并坚持下去，目标就不会只是梦想。

02
PART

心（心态）

一、心态与标准

关于问题的产生，有一个公式："问题 = 标准 − 现状"。如果我们把"问题"限制在"心态问题"的范畴，那么就会得到"心态 = 标准 − 现状"，这个式子表明心态与标准密切相关。

标准可以是自己的目标，可以是上级的要求，可以是自我感觉、自己的过去。

你使用不同的标准，就会有不同的心态。

○同样是面对一个相当于业内平均水平的业绩，有的人认为这个业绩"很差"，有的人认为这个业绩“不错”。“很差”还是“不错”，取决于当事人拿什么标准来衡量——有的人的目标是“销售力最强的区域经理”，自然会觉得自己的业绩“很差”，还需要继续努力；有的人没有目标，认为自己已经足够拼命，取得这样的业绩实属“不错”了。

在企业中，如果你以“遵守企业的制度”为做事标准，那么你仅仅是一个勉强合格的员工；如果你以“达到上级的要求”为做事标准，那么你是一个能创造价值的员工；如果你以“实现目标”为做事标准，那么你是一个前途无量的员工。

二、做到与具备

○某公司采购部经理一职空缺，公司看到业务员A的日常工作业绩非常优秀，于是提拔他做了采购部经理。但过了一段时间后，公司发现，采购部的整体业绩下降了。经过分析，公司才了解到，A做业务员时业绩优秀，主要得益于上级为他提供了大量资源，实际上他并不具备带领部门开拓业务的能力。

“做成某件事情”和“具备做成这件事情的能

力”有关系，但后者并不是前者的决定性因素。做成一件事情需要同时有能力、环境、资源三个要素的支撑。

很多人会认为，做成某件事情是自己努力的结果，其实不然。实际上，能力、环境、资源三个要素都在其中发挥了作用，而且，环境条件越好、资源支持越强，能力在成功中的作用占比就越小。

不要总是指望更好的环境、更多的资源，忽视了能力的自我积累。环境越来越好、资源越来越多，而你的能力越来越弱的话，只会离自己的目标越来越远。

别再抱怨环境不好，抱怨没有资源支持，动不动就想怠工甚至辞职，不妨先想一想，自己具备的能力是否越来越强?

环境不好、缺少资源也许延缓我们到达目标的时间，但路上的每一步，我们都会走得更踏实。

三、压力与动力

把“一个伟大的梦想”和“我明天要吃饭”摆在你面前，你觉得哪一个会让你立刻有去拼命的劲头？我相信是后者。

“我明天要吃饭”是来自外部的压力，正是这种压力，让你产生去拼命的内在动力。

实现长远目标靠持久的内在动力，而改变短期行为则靠近期的外部压力。

我们想“做到什么”通常与别人或自己“要求什么”相关，而压力就来自于要求。这就解释了什么叫“压力越大，收获越大”“使我痛苦者，必使我强大”——需要满足的要求越多，自身的压力就越大，而能力或收入也会成正比增长。

也许你的上级既没有你付出的体力多，也没有你付出的脑力多，但是他的压力确实比你大，所以收入比你高。

你的上级总是不断给你找毛病、提要求，是你眼中的“魔鬼上级”，请不要厌恶他，而应感谢他，因为是他让你真正成长。你的上级对你要求不高甚至没有要求，或者帮你解决了很多问题，使你轻松完成了业绩，是你眼中的“老大哥”，请别庆幸自己“有贵人相助”，因为这意味着在走向目标的道路上，你少了一个鞭策者——想一想，你身上的一些好习惯，比如守时、坚持锻炼等，是否都来自小时候最“痛恨”的老师的教导?

四、竞争、客户与选择

竞争越激烈，对我们的要求越高，对我们的能力提升越有帮助。

客户越难打交道，对我们的要求越高，对我们的能力提升越有帮助。（这里所说的客户包括企业的“内部客户”，例如下游部门。）

很多人总是抱怨“对手太强大”“客户太难满足”，从而不愿意去参与竞争、服务客户，这就等同放弃了提升自身力能力、实现目标的机会。

选择什么样的对手、服务什么样的客户，决定了你未来的能力水平。

五、纠结与迷茫

老员工常纠结，新员工常迷茫。

老员工在企业干的时间长，经历了很多事情，同时也积攒了很多情绪，对曾经的是非功过放不下，容易活在过去，老拿过去说话。他们念旧惧新，但又不得不面对各种新变化，进退两难，故而纠结。

新员工在企业干的时间短，没有太多经历，对企业缺乏安全感和信任感，因此更在乎当下的得失、利弊，容易陷入迷茫。

老员工需要的是“放下”，放下过去，拥抱时代，接受新思维、新想法。

新员工需要的是“相信”，相信自己，也相信企业，相信自己在企业有光明的未来。

六、原则与底线

某件事情或某种结果值不值得追求？若做事有明确的原则和底线，就很容易判断。

人定下自己为人做事的原则和底线，就形成了个人品格。

企业定下员工为人做事的原则和底线，就形成了企业文化。

七、常遇之事杂谈

1．有时候，人一开始所秉持的心态决定了所做事情的结果。对经营者来说同样如此——如果经营策略从未改变，那么企业的命运早在策略初定之时便已成定局。

2．如果你认为自己的付出和回报不成正比，不妨想一下是否有以下两点原因：

（1）你的付出没有为企业创造价值。（付出的方向错了）

（2）你的付出没有被人看到。（一定要是“看到”而不是“听到”）

3. 你永远都无法让你的上级满意，因为你的上级总是希望你干得更好。

4. 如果你做的十件事对了九件只错了一件，而别人只清楚地记得你做错的那件事，不记得你做对的那些事，请不要觉得委屈，因为那是一种正常的心理现象。

5. 做事走形式，唯一的成果是你又骗自己乐了一回——也许你的上级也跟着乐了一回。

6. 你总是觉得你的上级能力比你差，是因为你的格局仅限于自己的工作范畴，没有在更大的格局上比较强与弱。

7. 为了钱而工作不是坏事，因为钱能使你和你的家人拥有更好的物质生活；为了权而工作也不是坏事，因为权能给你更大的自主空间、更好的精神满足。真正的坏事是不知道自己为何而工作，而现实中这种人大有人在。

8. 在企业中有三种人该离开：

（1）总认为自己怀才不遇，而又不知道自己可做什么的人。

（2）整天忙忙碌碌却没有成果，自己也不知道自己在干什么的人。

（3）说起话来头头是道，而做起事来却手忙脚乱、毫无章法的人。

9. 如果你想在公司过得愉快，那么请你把同事当成朋友，而不是当成敌人。原因很简单：和朋友在一起是件令人感到高兴的事情，而和敌人在一起是一件令人烦恼的事情。想一想，一年当中，你是和家人在一起的时间多（不算睡眠时间），还是和同事在一起的时间多？

10. 你的进步往往出现在你和同事、上级闹矛盾之后。

八、成长的三个阶段

成长要经历三个阶段：

第一阶段：经受打压阶段——“感觉有点痛”。

第二阶段：忍受寂寞阶段——“感觉有点酸”。

第三阶段：抵抗诱惑阶段——“感觉有点痒”。

经得起打压，我们才能在困境中积聚力量。

经得起寂寞，我们才能不从众，拥有独立思维。

经得起诱惑，我们才能不被欲望操控，避开路上的陷阱。

九、工作状态的循环

人的工作状态存在一个“勤—茫—懒—麻—勤”的循环，如图 2－1 所示：

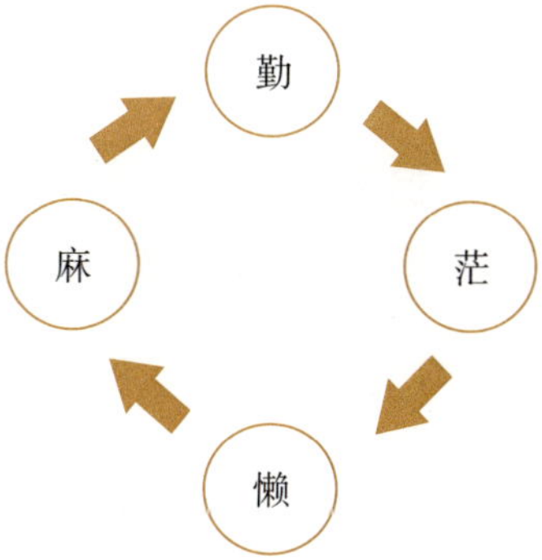

图 2－1

员工刚入职时，会对企业、岗位、环境充满新鲜感和好奇心，喜欢自我表现，因此工作勤快，愿意积极主动地做很多事情，但因为经验不足，很快就会心生茫然，不知道该如何做好。经过一番努力，他们逐渐有了方法，觉得一切事情做起来都是轻车熟路，渐渐地就会开始变懒了。再过一段时间，他们觉得做任何事情都没有挑战性，没什么意思，于是便变得麻木了。

但并非所有人都能走出从“麻”到“勤”的一步，只有以下两种人可以：

1. 有更高的目标及更强动力的人。

2. 去到新岗位接受新挑战的人。

有人说，“麻”了的话，换个环境就是了。此话只对了一半。换环境有没有用，要看你的目的是什么——逃避还是追求目标？换环境很容易，但如果不是为了提升自己、实现自身价值，那么用不了多久，还是会变得麻木。只有那些不断向自己提出新要求、新目标的人，才能迅速走过循环中的“茫—懒—麻”阶段，在绝大部分的职业生涯里处于“勤”的状态。

十、接受是改变的开始

所有的痛苦都源于我们没能真正接受事实。

我们对事情都会有一个期望值，或是想象能取得某种结果，如果事与愿违而我们又认为“不应该是这样”，拒不接受，那么我们就会产生负面的心态。

只有接受事实并找到背后的原因，我们才会改变。

○“这个员工我教了三遍还是不会！”主管发脾气说。

就上面这个案例而言，如果主管不接受“员工学了三遍还是不会”这个事实，那么他就会放弃继续教下去的念头，因为他已经给员工下了“根本学不会”的定义。如果主管接受这个事实，那么他就会思考：“是不是我教的方法哪里不对？是不是应该尝试改变一下教学方法？”最终他会采取行动，想办法解决这个问题。

十一、情绪控制

谈完“接受”的话题，我们再来谈“情绪”的话题。

情绪有好坏之分，而坏情绪就是不接受事实导致的。

当坏情绪产生时，我们需要控制它。

可以尝试以下几种方法：

1. 呼吸法。当感觉到心里不舒服时，深呼吸6秒钟。

2. “利己”思考法。换个角度，想想事情对自己是不是也有好处。

○“领导今天把我骂了一顿，这是坏事还是好事?”

○“我今天打了一天的字，结果文件弄丢了，这是坏事还是好事?”

○“之前我帮他做了很多，今天该他帮我了，但看起来他一点都不想帮我，这是坏事还是好事?”

3.“可怜”思考法。把对方至于弱势、受损者的地位。

○“算了，俗话说，狗咬人的时候，人不能咬狗。”

○“他这斤斤计较的样子真可怜。”

○“这家伙脾气那么大，肝火一定很重吧?”

4.“分裂”思考法。认为对方有“物质上的人”和“精神上的人”两个“分身”。

○“他被情绪控制了。这不是他，是他的情绪。”

○“他被惰性控制了。这不是他，是他的惰性。”

十二、调整心情

如果一大早就心情不好，那么你会感觉这一天的工作处处都不顺。所以，你有必要掌握一些能调整心情的方法：

1. 每天早起运动。

2. 每天设一个小目标激励一下自己。

3. 开始工作时，先做那些比较容易的事情。如果你知道接某个电话或做某件事情后会心情很差，那么先把它们放一放。

4. 把桌面收拾整洁。

5. 做完一件事情后，如果觉得自己做得还不错，那么不妨给自己一点小奖励。

6. 每工作一段时间就起来活动一下筋骨。

只要你愿意，一定能找到很多种消除负能量、恢复良好心情和工作状态的方式、方法。

十三、如何看待抱怨

抱怨是一种发泄。人活着，不但要吃饭，也要拉屎，而从心理学的角度来看，抱怨和拉屎有类似的作用，即把没有价值的东西排出体外——抱怨排掉的是负面情绪。

心里感觉压抑却又无处排解的话，心理健康甚至身体健康就会受损。如果你的抱怨不会影响别人、伤害别人，那么就尽情抱怨吧。

在工作中，最佳抱怨倾听者是能接受你的抱怨而不会受影响的人——你的上级。

抱怨会传染，有的时候你心中并没有怨气，但听别人抱怨一番后，会觉得“好像真是这么回事”，心中莫名地也生出怨气来。因此，在听到别人抱怨时，头脑一定要清醒：抱怨者往往会夸大事实或者只说自己不接受的那一部分，你很难从抱怨中获知真相。

如果你认为自己有强大的逻辑思维能力与定力，那么你尽可以去倾听别人的抱怨；若没有，还是尽量少听或者不听，以免被传染。

十四、消除困惑与烦躁

在工作中遇到了问题却又找不到解决方案，就容易陷入困惑甚至变得烦躁，但越是烦躁，越是找不到解决的办法。

当你被事情困住而心生烦躁时，不妨试一试以下几种方法：

1. 平静下来思考几个问题：

（1）做这件事情的初衷是什么，目的是什么？

（2）除了现在使用的方法外，还有没有其他方法？如何获取其他的方法？

（3）要不要先放一放，改天再来想办法解决？

（4）要不要先换个环境放松一下紧绷的神经？

2. 寻求上级的帮助。

很多员工在遇到难以解决的问题时不愿意找上级，害怕上级觉得自己没有能力，其实不然。如果你迟迟不能解决问题甚至用各种手段来掩盖问题，那么上级会觉得你真的没有能力。

实际上，上级都会无条件地帮助遇到问题的下级，因为这也是在帮自己，同时体现了自己的价值。当然，上级给予帮助的策略有很多种，有的是给思路，有的是给精神鼓励，有的是给方法。如果你“希望得到一个面包”，而上级“给了你一本圣经”，那么你只能更努力地挖掘自己的潜力了。

3. 假设别人来做。

你认为谁来做这件事情能把问题解决掉？假设现在事情由他来接手，你认为他会采取哪些措施或方法？

十五、公平与比较逻辑

公平是比较出来的，是相对的，没有比较就无所谓“公平”。

○有同事跟你干差不多的活，他拿 5000 元工资，你拿 4999 元工资，你会觉得不公平，认为大家干的活一样，凭什么自己拿得少；但如果是你拿 5000 元工资而他拿 4999 元工资，那么你就会觉得很公平，认为大家的待遇一样；而如果你和他都拿 5000 元工资，那么你们都会觉得不公平，认为企业给的工资低了。

大多数“不公平”的感受源于比较逻辑错误。人总是习惯于拿“自己的付出”和“别人的回报”进行对比，认为有的人干得少却拿得多，这并不是一个正确的比较逻辑。是否公平，只取决于“你的付出”与“你的回报”是否对等。

工作的目标不是寻求公平感，而是实现自己的价值。企业要为员工创造公平的环境，制定合理的规则，使每个人都有机会在规则之下通过努力实现自己的价值。

十六、不怕麻烦

“麻烦”是一种感受。在做事时之所以会产生“这事好麻烦”的感受，多是有以下原因：

1. 不符合自己的习惯，做起来难受。

有的人认为，能够按自己的习惯来做的事情才是轻松的事情，要自己改变习惯的事情就是麻烦事。但这显然是不可能的，很多时候，你固有的习惯往往会令事情变得更麻烦。

2. 没看到事情当前的价值，觉得在做一件无意义的事情。

有没有想过，你当前要解决的麻烦具有重要的价值——下一个环节会因为你的付出而进行得更顺畅。上一个环节轻松，往往会给下一个环节带来麻烦。

3. 认为是工作流程中的无用环节。

工作链条中没有哪一个环节是无用的，如果每个人都嫌麻烦，把问题推给下个环节，那么整个工作链条就会变得非常低效。

“不怕麻烦”是一种服务精神——为上下游服务，为客户服务。这种服务精神会让工作链条创造出更多的价值，并回馈给每个节点更多的利益。

“不怕麻烦”是一种建立良好人际关系的方法——愿意扛下麻烦，让别人更轻松的人，到哪里都受人欢迎。

“不怕麻烦”是提升竞争力的重要手段——优秀的员工、优秀的企业从来不怕麻烦，因为他们深知，今天怕麻烦，明天就可能要“不怕麻烦”地找工作、找活路。

十七、是谁的问题

在企业中，经常能听到“这是×××的问题”“这不是我的问题”之类的话，虽然有的话说得更委婉一些，但“细细品味”一下，也是要“甩锅”的意思。

“归错于外，归功于内”的事情，在每个人身上都有可能发生。

关于出了问题之后，到底归咎于谁的事，我想谈三点：

第一，企业是一个组织，任何问题造成的损失都是由企业买单的，而责任应由全部成员承担。发现同事做的某件事情可能出问题时不加以提醒，而是做一个看客，想着别人出了问题才能凸显自己的价值，最终会对企业造成伤害，自己也不能幸免，因为自己就是企业的一部分。“部门本位”“岗位本位”的思想对企业十分有害，原因就是如此。所以我们常说：“一个失败的企业里是没有成功的部门和员工的。”

第二，企业制度不能过于苛刻，使人害怕犯错误。不容许试错的环境下人人只顾自保，出了问题后的本能反应就是将责任推给别人，这对企业有害无益。

第三，员工要明白这样一个道理：不断证明自己没有错对自己的成长毫无益处，因为逃避责任的行为不能令自己的能力和品格得到提升。

十八、不顺眼

在工作中，是否总有些同事的做事方式让你看不顺眼？

就像“疑邻偷斧”的故事一样，当你看一个同事处处不顺眼时，你就会觉得他做的所有事情都有问题。

关于这种现象，我想谈三点：

第一，不要凭个人习惯、喜好去衡量、评判他人做的事，而应就事论事，以过程是否正确作为唯一评判标准。按理说，职位越高的人，其看问题的标准越趋向于组织标准，越不应该凭个人喜好下判断。但是在现实中，职位越高的人越难以看到事情的真相，反而更容易主观臆断。因此，职位越高，越要把眼睛擦亮。

第二，企业经营的核心应是“协作以共同创造价值”。每个人都应专注于追求目标并享受追求的过程，而非不停计较谁对谁错。

第三，主动沟通是消除“互相看不顺眼”的有效方式。与其计较谁做事是不是有问题，不如一起探讨是哪里出了问题，求得问题症结所在、共寻解决之道是对彼此都有价值的事情。

十九、不信任

每家企业都设有制衡机制，这个制衡机制也就是我们所说的企业制度。企业制度本身不能创造价值，其作用是避免或减少问题的产生。

随着企业的发展，企业制度难免会不断变更，一些规定可能会变得更为严格，而这些严格的规定在一些员工的眼里就是“枷锁”，认为是企业对自己不信任而故意设置的。这是一种偏激的想法。有句俗话叫“一颗老鼠屎坏了一锅粥”，从管理学的角度来讲，管理不光是要清除“老鼠屎”，还要防止产生“老鼠屎”，因此，企业建立起具有制衡作用的企业制度并不断完善是必要的。

企业当然信任员工，否则就不会雇用员工，但员工做事需要遵循一定的规则，不能随心所欲，不然的话，企业的经营就会乱套。

可能有的人会说："我们公司定的这项制度根本没用，我从来没见过有人犯过制度里提到的错误，也没人因违反制度被处罚过！"那是否想过，如果没有制定这项制度，会是什么样的状况？

不要总是怀疑你的上级不信任你，当你有这种感觉时，你应该意识到，一定是你在过往把事情做好的概率不高。因此要打起十二分精神，从现在起把每一件事都尽可能地做好。

二十、制度

企业颁布一项新制度后，如果没有组织员工学习，那么绝大多数员工只是顺眼看一下，并不会仔细研究，直到有一天被罚了，才会去翻查制度，看是为何被罚。这是很多企业的真实写照。

制度是什么？

制度是我们在企业里做事的第二准则。（第一准则是为人的基本良知。）

制度分为“制”和“度”。“制”是制衡，即给员工的行为设限；“度”是衡量，即给员工的行为设标准。

在一些人眼中，制度就是“罚”和“约束”，这种理解十分片面。

对企业来说，制度是实现群体公平的基石，它确保每个人都能够在公平的环境下工作，享受应得的待遇。企业的制度不能是纸上谈兵，而是要真刀真枪地实施，触犯规定者，该罚款的罚款，该开除的开除，如此方能树立起公信力。

对个人而言，制度是有助于养成好习惯的外在刺激和压力。制度中的奖与罚，都是有效的刺激和施压手段。想一想，我们身上的好习惯，是不是基本上都来自父母、老师在教育过程中施与的奖和罚？

如果员工能正向看待制度，把制度变成培养好习惯的工具，那么会提升很快。

二十一、负面感受的应对

从心理学角度来看，负面感受是受到现实刺激后产生的一种不好的心理体验，但这种感受与现实间不存在必然的联系。

有的人失败后会陷入沮丧，而有的人却是越挫越勇。

我们不能选择现实，但可以选择感受。

如果你陷入困境，或者遭遇挫折，那么不妨试着安慰自己：

“这很正常，我经历的这件事情很多人都经历过。”

“一切都会过去的，所有的事情都会过去的。”

“世事无常。未来是什么样的，没人知道。也许会更好呢，不是吗？”

二十二、什么是“正确”的选择

我们常常会把以下三种选择认为是“正确”的：

1. 眼前对自己最有利的选择。

2. 最容易做的选择。

3. 过去习惯的选择。

实际上并非如此。真正“正确”的选择是既符合原则，又能实现自己的目标与自身价值的选择。这个选择也许是不容易做的，也许是自己不习惯做的，也许是需要时间沉淀才能显现出价值的。

二十三、小改变，大成功

当需要改变的时候，谁都希望能够在瞬间实现华丽转身，但大多数情况下，这只是一种美好的愿望。人与事的变化通常都是渐进式的，要经历从“量变”到“质变”的过程，因此，请专注于每个小改变。

小改变更容易实现，也更容易取得成功，即便仅是一次小成功。

小成功是现实给予我们的反馈，这个反馈会使我们改变的决心更坚定。

一次小成功可能微不足道，但滴水成海，无数的小成功积累起来，便能成就大成功！

二十四、态度是开启能力库的钥匙

在长期的学习、训练、工作过程中，我们养成了很多行为习惯，积累了很多工作经验，这些都可以笼统地称为能力，这些能力储存在我们的身体这座“库房”里面，但若没有态度，我们是无法从“库房”中调出这些能力并使其发挥作用的。

态度是开启能力库的钥匙。没有态度，纵有再多的能力也是徒劳。

有态度的表现之一是不断超越自我、勇于开拓。要时常问自己：“我还可以做什么?”

二十五、能力从何而来

能力是什么？从某种角度来说，懂得运用方法就是能力。

方法有很多来源，可能来自别人授予，可能是自己实践而得。但是，光知道方法并不等于具备能力，还要会运用方法才行。而要想熟练运用方法，少不了大量的训练，因此，我们可以写出这样一个式子：“能力 = 方法 + 训练”。这个式子表达的意思是：学习及培训告诉了我们方法，或是启发了我们去想方法；要想将方法内化为自己的能力，需要不断训练。

有的人只把关注点放在方法上，只顾着不断地学习、培训，结果到了需要运用的时候才发现自己不会。有的人总是说方法有问题，其实是因为他们不愿意训练。

散打动作就那几招，很多人都知道，但很少人能成为散打高手，为什么？因为他们没有训练过。这个道理很简单，它适用于每个人。

要把每一次的工作过程都当成训练，那样才能使我们的能力持续提升。

二十六、原环境升级与换环境复制

○小王和小李是同时进公司的，各自努力之后，都升到了主管的位置。随着企业发展壮大，他们都觉得工作难度和工作压力越来越大，甚至有点力不从心。这时，另外一家企业向他们伸出了橄榄枝，如果到那家企业工作的话，凭他们现有的能力和经验，很轻松就能把工作做好。最终小王选择了留下，而小李选择了跳槽。

若干年后，小王升上了总监之位，而小李

已经换了5家企业，仍是主管。有认识他们的人评价道，两人的能力已有天渊之别。

企业发展壮大以后，面临的市场竞争也会越来越激烈，因此企业对每个岗位的工作要求也会越来越高。如图2－2所示，当岗位上的人感到工作吃力的时候，他们有两种选择：一种是留在原环境中升级，突破能力瓶颈；另一种是带着自己现有的经验离开，去另外的环境“复制、黏贴”。

图2－2

不断地换环境，复制自己的工作经验或者说职业生涯，对于自己的能力提升其实毫无帮助，甚至会导致能力倒退。

留在原环境中“升级打怪”的过程可能不轻松，但无数的例子证明，这么做是值得的。正所谓

“宝剑锋从磨砺出”，越是艰难的环境，越能激发人的潜力，在不断挖掘自身潜力的过程中，能力自然而然地变得越来越强。

二十七、工作态度

把工作做好的关键在于“如何做”，而不是“如何想”。正确的工作态度是不断思考“如何做”，而非空想。

“与人方便，使别人受益”是工作态度的落地，“向内看问题”是工作态度改变的方向。

坚持实施以下动作，你的工作态度就会朝好的方向改变：

动作一：某一时刻只做一件事情。

动作二：演练（试做）一下，看是否能给别人带去方便。

动作三：为自己主动做出的选择买单，对结果负责。

动作四：遇到问题时先想自己可以做些什么，解决问题的过程中再想自己还能做些什么。

动作五：选择能够最快、最有效解决问题的方法，即便它实施起来非常辛苦。

二十八、五项训练

（一）专注度训练

“某一时刻只做一件事情”训练的就是专注度。

比如，开会时应认真倾听，而不是一边开会一边做其他事情。开会时干别的事，既影响他人，又影响自己，很容易导致会上没听到、会后乱行动。又如，在与别人沟通、交流时，谈话要以事情或主题为核心，不能天马行空，顾左右而言他。

（二）响应度训练

响应度训练需要通过与外界的互动来进行。

比如，与同事、客户进行沟通时，如果别人正在表达自己的观点，那么我们就要针对别人的观点给予快速响应——马上回应，或者马上行动。现实中，有的人即便是在上级与其沟通时，也总是一副无动于衷的模样，这种人要么是已进入工作麻木状态（混日子），要么是以自我为中心的人，这两种人对企业的发展都不利。此外，工作中的拖拉行为也是缺乏响应度的表现。

（三）准备度训练

“演练（试做）一下，看是否能给别人带去方便”训练的就是准备度。

比如，与别人沟通之前，准备好要用到的工具、文件等。有时候，我们按自己的思维、用自己的语言表述了，但别人听不懂，这是很常见的现象。与人沟通时，不能仅仅依照自己的习惯来说话，还要考虑到语言的简洁程度、别人的接受程度等。又如，在施工之前，准备好需要的各种工具和材料。如果没有准备好施工材料，动手后才发现不是缺这就是缺那，临时再去找，那么不仅耽误了自己的时间，还耽误了别人的时间。

（四）模仿度训练

模仿度训练就是先模仿别人（试错），再验证、探究，最终将别人的能力转化为自己的能力。

看到别人做得好时，不要妒忌，不要眼红，不要以为别人只是运气好，更不要排斥别人，想给别人挑刺找缺点——即便你想模仿的对象身上99%是缺点，也还有1%的优点值得学习。对更优秀的人不屑一顾，这种行为毫无意义，它既不能证明你自己能力更强，也不能给你带来工作的乐趣。模仿是一个改善、改变的过程，这个过程才能给你带来乐趣、带来收获并助你实现自我价值。

（五）向内度训练

“向内”意思是审视自我，故而向内度训练要从“先想想是不是自己的问题”开始。

出现问题时，我们可以先想想是不是自己的原因。现实中，很多人在出现问题时，会马上去找一个“客观存在、不可抗拒”的理由来推卸责任，极力证明“事情没有做好不是我的原因”。这是一种对他人、对自己都十分不负责任的行为，既不能改变事情的结果，又不能提升自己的能力。正确的做法是发现问题时马上找到问题的根源并尝试将其解决掉。这样做才是有价值的。

不要做一个“归功于内，归错于外”的人，要善于自省，愿意从自身出发找原因，愿意为自己主动做出的选择买单。

03
PART

思（逻辑）

一、做事十二问

（一）关于“要什么”的问题

1. 这件事情必须要做吗？（思考要点：对于企业的经营管理来说，做有什么好处？不做又有什么坏处？）

2. 这件事是否可以放两天再做？（思考要点：自己现在是否处于情景化、情绪化、经验化的状态？）

3. 这件事我需要与别人沟通吗？（思考要点：自己需要获取更多的资讯吗？是坚定信心还是先倾

听一下反对的声音?)

4. 做这件事,我的目标是什么?(思考要点:目标可量化吗?若不能,是否要重新考虑一下?)

(二)关于“凭什么”的问题

1. 做这件事,我的出发点是什么?(思考要点:是不是仅出于个人喜好?)

2. 做这件事,向我提出的要求是什么?(思考要点:自己具备的东西是否能满足要求?是不是在冒险?)

(三)关于“有什么”的问题

1. 做这件事,我有什么优势?(思考要点:自己有什么优势和资源?)

2. 在这件事中,我扮演什么角色?(思考要点:是干活者?下指令者?教练?支持者?授权者?)

3. 关于这件事,我所掌握的信息真实性、完整性几何?(思考要点:有哪些现象与数据?是否可关联?)

4. 关于做事的策略，我想到了哪些？（思考要点：这些策略是否不受经验、状态、困难等因素的限制？）

（四）关于“怎么做”的问题

1. 关于这件事，我的行动计划是什么？（思考要点：“5W2H”分析法。）

2. 如果在做这件事的过程中出现问题，或者最终失败了，可能是什么原因导致的？（思考要点：“负面假设”预案，即“如果出现问题或失败了，该怎么办”。）

如果觉得把上面的问题都想一遍很麻烦，那么最好的选择就是先去做（试错），再在实践中不断寻找正确的策略。

二、三种有价值的员工行为

第一种是按老板、上级安排或喜好做事。这种行为叫“做事情”，而且是做有可预见的结果的事情。如果你做的事情没有可预见的结果，那么给企业带来的就只有成本和费用。

第二种是实现老板、上级想要的结果。这种行为叫“做价值”，能给企业带来个体价值。

第三种是通过自己的实践建立起一套让老板、上级放心，其他员工都会用的方法论。这种行为叫“做标准”，能给企业带来群体价值。

以整理办公室为例，三种行为有不同的表现

方式：

第一种行为的表现：揣摩上级的喜好或意图，据此去整理。

第二种行为的表现："以终为始"，想着什么样的整理方式能为企业创造价值。（例如：让来访者看到企业的环境之后，对与企业的合作更有信心——创造利润；让自己和别人都能以最快的速度拿到物品、文件——降低费用。）

第三种行为的表现：想出一套每个人都能掌握的、切实可行的方法，让自己和他人在做事的过程中都能获得创造价值的喜悦感。

三、经营管理推动环

经营管理推动环如图 3－1 所示。

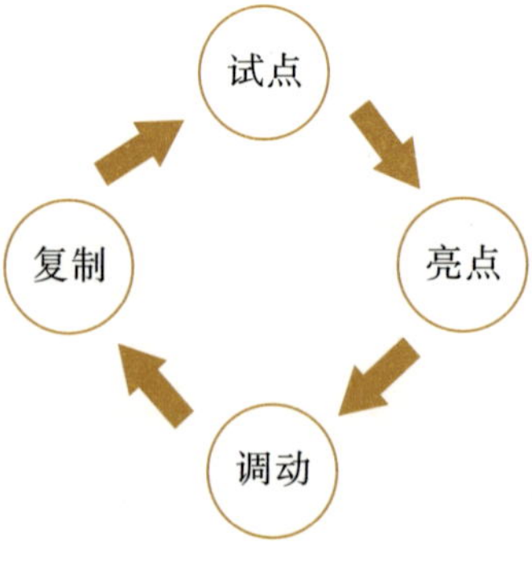

图 3－1

1. 试点：大胆创新和试错。试点是创造经营价值的开端。很多企业管理者害怕创新，本质上是怕失败、怕麻烦，殊不知企业发展的原动力就是创新。

2. 亮点：取得超出试点预期效果的结果。这需要不懈地努力，全力以赴地拼搏。当然，不管试点的结果如何，试点的过程中多多少少都会有能为改善现状带来启发的发现，这些发现也算亮点。

3. 调动：模仿、借鉴有价值的新发现、新方法。鼓励一部分人先行动起来，不断获取新成果。

4. 复制：全体学习，普及成功经验，要求所有人都要做到。

四、从“知道”到“做到”

从“知道”到“做到”，要经过一个场景化的过程，如图3－2所示。

图3－2

“知道”来自过去的经验、接受到的要求等，而每项具体的工作都有其特定的实施场景，这些场景可能与“知道”者已有的经验和目标相冲突，故而，能通过场景的过滤，变成“做到”者的人很少。

如何“做到”更多？

1. 行为层面：让“知道”在场景化后变成习惯。很多人虽然“知道”，但到了具体的场景中却无法使用，就是因为没有形成习惯。从某种意义上来说，工作是众多习惯的组合。

2. 心态层面：“知道”得越多，越要研究如何将“知道”场景化，不能凭感觉和过往的经验做出判断和决策。场景化的核心是现场，越是老经验越不适合当下的现场，所以，越是觉得有把握的事情越是容易出大错。

3. 精神层面：场景是特定的，而且不断推陈出新，越来越有难度，因此必须有“不达目的不罢休”的决心。

五、做事的策略

实践中，我们通常从两个维度来思考如何做事：

第一个维度是“是否做过”。(是否有经验，有几成把握?)

第二个维度是“是否重要”。（需要投入多少精力?)

再进一步，我们可把事情及做事的策略作如图3－3所示的划分：

1. 做过的重要事情，我们选择“创新”。

2. 做过的不重要事情，我们选择“习惯”。

3. 没做过的重要事情，我们选择“借鉴”。

4. 没做过的不重要事情，我们选择“模仿”。

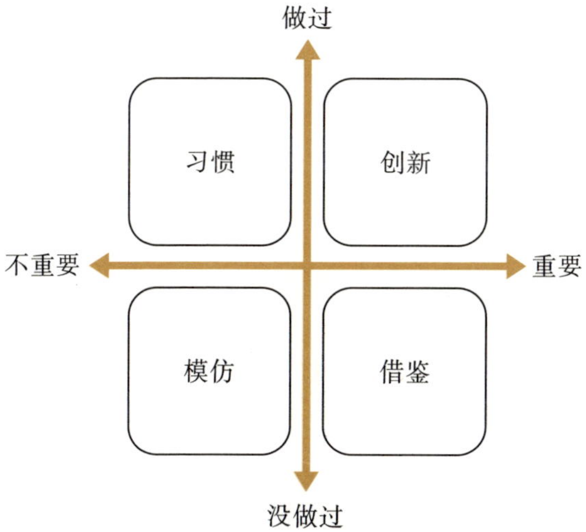

图 3－3

六、什么是重要的事

什么是重要的事？这是一个需要深入思考的问题。很多人找不到答案，因此总是把大部分的时间花在并不重要的事情上。

要回答这个问题，需要从事情的涉及面、影响时间、影响程度等维度进行思考。我们总结出：

1. 会影响信誉的事情是重要的，如果信誉和利益只能二选一，那么应选择信誉。

2. 涉及人的利益的事情是重要的。

3. 当出现问题的时候，比解决问题更重要的是预防问题再次发生。

4. 上级安排的事情一般来说是重要的，如果你认为自己手头上的事情更重要，应请示上级。

5. 不可逆转的事情比可逆转的事情更重要。

6. 客户的事情永远是重要的。

7. 团队的事情比个体的事情更重要。

8. 涉及原则、底线的事情是重要的。如果原则和利益只能二选一，那么应选择原则。

七、工作价值漏斗

工作价值漏斗如图 3 –4 所示。

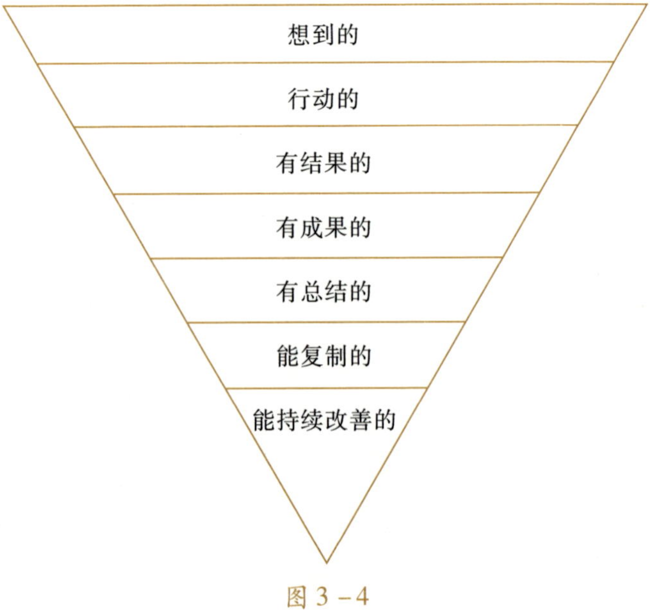

图 3 –4

八、实践出真知

很多事情，我们只有做了才能明白其背后的逻辑。有的岗位工作看似简单，但自己真正做了以后才知道并不容易。

正所谓“智源于行”“实践出真知”，只有不断地实践，方能找到改善之法、创新之道。

如何将从实践中得来的知识化为真知？有两种方法：

1. 把知识私有化（“模仿+验证+为什么”）。

我们在实践中学到的知识，在某种意义上可以说是“公有知识”，它并不是某个人的专属。要将

“公有知识”转化为“私有知识”，首先要去模仿，通过模仿来验证学到的方法是否适合自己。若验证的结果是确实适合自己的，那自然很好；若验证的结果是不适合自己，那么更好，因为接下来我们会去分析为什么不适合自己，从而从更深的层次看到问题的本质。

2. 把经验资产化（“写下来 + 讲出去 + 类别化”）。

把经验写下来是为了将其逻辑化，把经验讲出去是为了验证这些经验是否能够被广泛应用，而把经验进行分类后，便形成了体系。

九、懒惰

当工作出了问题的时候，我们经常能在问题背后发现“懒惰”的存在。

“懒”是不动，“惰”则是不变，不动又不变，自然难以取得收获，也难以获得成长。

身体懒惰容易看到，思维懒惰则难以发觉。长期思维懒惰，最后会导致思维僵化。

比“故意的懒惰”更可怕的是“习惯性懒惰”。

挑战自我的过程就是和“懒惰”做斗争的过程。

管理的重要目的之一就是防“懒”防“惰”。

十、分类和排序是基本的工作逻辑

1. 养成将工作对象进行分类和排序的习惯。
2. 视情况变化不断地调整分类和排序方案。
3. 从变化中找逻辑，发现工作的本质。

十一、跳出来、倒着想和负面假设

（一）跳出来

当我们在一个问题上纠结的时候，就需要“跳出来”，方法之一是“往大想”。

○这家供应商的产品出现质量问题的次数已经达到了“红杠”标准，但其正在努力解决问题，而我们与其又一直都有良好的关系，该不该减少合作品项或不合作呢？

假设所有供应商都如此后，就很容易找到答案。

（二）倒着想

从结果出发考虑问题——要实现这个结果，我们可以做什么？如此倒推后就会发现，要实现某个结果，可能有许多种办法。

（三）负面假设

人在正向思考之下容易冲动，从而忽略了一些要素和细节，最终导致失败。当我们有了计划后，可以多往负面结果想一下：“如果……该怎么办?”如此思考，方能准备周全。

十二、第一、唯一与价值

（一）“第一”和“唯一”

想一想，你大脑里能记住的是不是只有“第一”，从“第二”开始，后面的根本就没印象？

所以，要想体现自己的价值，最好是做“第一”。

比做“第一”更牛的是成为“唯一”。

（二）价值

1. 做到了别人曾做到过的事情——复制价值。

2. 做到了别人尚未能做到的事情——领先价值。

3. 做到了别人想到但没有做到的事情——优势价值。

4. 做到了别人想都没有想到的事情——创造价值。

十三、用数字表达

数字在沟通中十分重要，在表达过程中懂得适时、恰当、准确地运用数字，能大大提升表达的准确度，增强别人对你的信任。

从不同的数字维度来表达一件事情，会给人以不同感受。

○昨天的产量是100个，用时10小时，有5个工人参与。

今天的产量是90个，用时8小时，有4个工人参与。

生产经理汇报称："今天干得比昨天好。昨天是每个工人每小时做了2个，今天是2.8个，工人的生产效率提升了40%。

案例中的生产经理说得有没有道理？仔细琢磨一下。

汇报中可用的不同数字维度见图3－5。

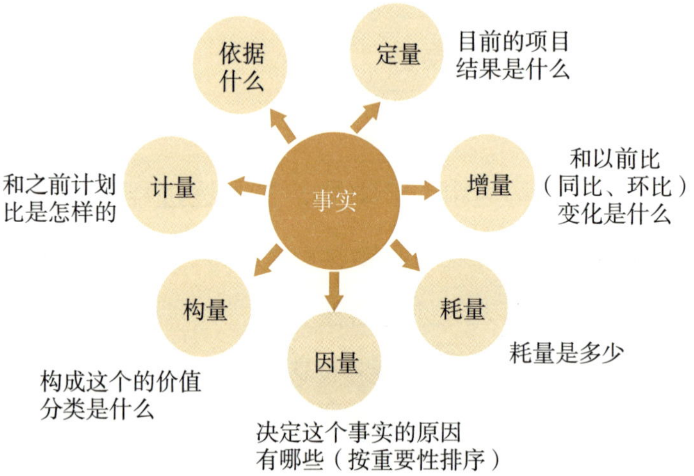

图3－5

十四、准备工作

很多事情失败的原因都是没有做好准备工作，过程中出现问题时才发现有很多“没想到”。

做准备工作的方案是“负面假设三预案”，有效的准备动作是推演、演练、试点。

要做的准备包括物品的准备、情绪的准备、能力的准备、工具的准备。

有一次，一个员工要到经销商处去，他刚要出发，我问了他一句：“你准备去干什么？”

他答："去开发客户。"

我说："哦，开发客户啊。那画册、价格表、企业简介、名片、样品、销售数据表、门店分析表等你带了吗？"

他答："没有带。"

我问："若客户说'你家的东西都很贵，我不要'，你该怎么回答？"

他答："没想过。到时候再说。"

这跟光着身子上战场送死有何区别？

04

PART

行（方法）

一、川南效能十五条

工作是一个循环反馈的过程：工作方式决定结果，结果带来工作感受，工作感受影响工作状态，而工作状态又影响了我们采用的工作方式。

图 4－1 展示的是一种负向循环。

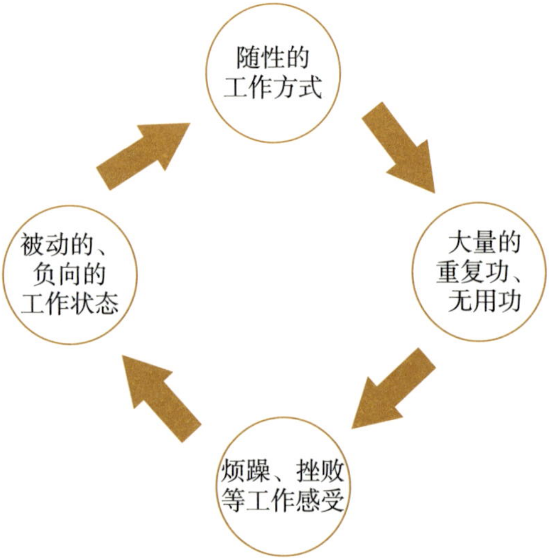

图 4－1

如图 4－2 所示，在实践中，工作是一个又一个具体场景下的动作组合，而这些动作来自我们被强化的行为，也就是我们的习惯。因此，工作能否做好，不取决于我们知道多少种方法，而是取决于有多少种方法变成了习惯。

图 4－2

我们需要建立起的是如图 4－3 所示的正向循环：高效的工作习惯带来有价值的工作结果，有价值的工作结果带来愉悦的工作感受，愉悦的工作感受带来主动的工作状态，而主动的工作状态又促进高效的工作习惯形成。

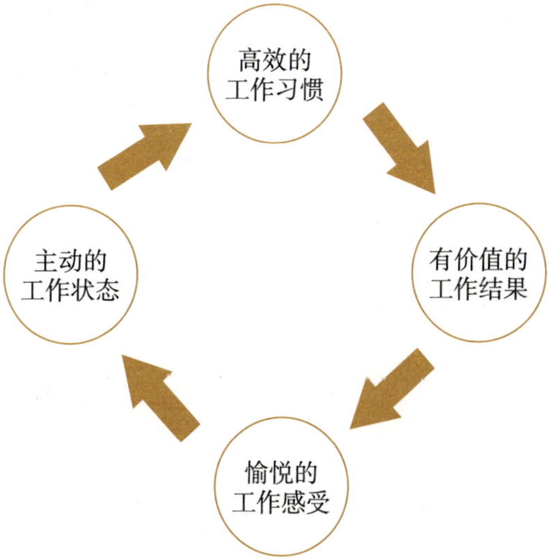

图 4－3

基于以上理论，我们提出了“川南能效十五条”。

（一）以终为始

如果你的梦想是成为总经理，那么只有按总经理的标准来约束现在的一言一行，才有可能让梦想变成现实。记住，一定要用目标的标准来看待现在做的每件事情。

我们现在所做的每一件事情都是在改变自己的事业基因。

猫和老虎的基因不同，除非猫的基因变得跟老虎的基因一样，否则猫再怎么长也不可能变成老虎。你把事业基因变成什么，决定了你以后会取得什么样的事业成就。

（二）凡事早动

早思考、早准备、早行动，而且要越来越主动！

99%的事情最终没有做好，原因就是准备不足，仓促行动。

输赢往往取决于谁先行动。

做工作就像“十月怀胎，一朝分娩”——要想早“分娩”成果，得早“怀胎”。

做准备，需要有负面假设的思维。

（三）过程目标

凡事都有一个过程。再难的事，只要分成阶段，不断地达成阶段目标，终会取得满意的结果。

大事是由无数件小事构成的，每件小事的目标都能达成，大事的目标自然也就实现。

（四）量化到人

团队离不开协作，协作的前提是有序分工，而有序分工的前提是指标量化到人。

人是构成企业的基本单位，每个人都有自己的思想、追求，有主观的想法，企业需要通过量化的指标把所有人结合起来。

（五）行大于言

大部分人“说的比做的好”，原因就是“说”比“做”容易多了。“说”就像是开支票，而“做”则是要兑现——我们给别人开了10元的支票，但只兑现了9元，别人一定会觉得亏，不愿意再和我们打交道。所以，为人行事要重行而慎言。

（六）沟通复述

如果协作的过程出了问题，问题基本出在沟通不畅上——我们以为对方听明白了，其实对方并没有听明白，或者根本没有听。

在用言语进行沟通时，要不怕麻烦地多复述几遍，以保证信息能够准确传达。

（七）勿言人非

工作是为了实现个人的价值追求，而不是证明自己的优秀，更不能通过指责别人来推卸责任及证明自己更优秀。

企业中 99% 的人事矛盾源于我们对别人的人品下主观定义。

“来说是非者，便是是非人”，那些喜欢在背后说别人是非的人，其本身就是产生是非的根源。

（八）运用工具

武功再高，你也很难打过一个不会武功但手上有枪的人，在工作中，这把“枪”就是工具。

善用工具，能弥补能力上的不足。只要有可用的工具，尽可以拿来用，不要排斥，尤其是那些随着时代发展而出现的新工具，更要主动去尝试和适应。

（九）现场落实

问题和解决方案通常都不是出现在办公室和会议室，而是在现场。

离现场越远越不了解情况，越不了解情况越要研究，越研究越没有结果。

“这件事情再开会研究研究”“这件事情你到办公室来谈一谈”永远都不能解决问题，一定要到现场，找到问题所在并当场解决。

（十）交叉复核

事情做完前要多人交叉检查一遍。人的思维、精力有限，自己犯下的错误自己很难发现，需要仰仗别人帮忙查找。

站在地球上的人看不到整个地球，只有站在月球上的人可以，不是吗？

（十一）记录分析

都说“好记性不如烂笔头”，但习惯做记录的人并不多。

光用大脑记，不仅容易忘，而且很难对记忆的内容进行整理，使其逻辑化，故而难以分析周全。所以，养成记录、分析的习惯，能够有效避免凭感觉拍脑袋做决定的现象发生。

强调两点：

1. 记录的重点是关键词、没有听清楚的地方、没有听懂的地方、自己不认同的点。

2. 做完记录后一定要对记录的内容进行分析，理出逻辑，否则记录就失去了其最核心的价值。

（十二）事不隔夜

所谓事不隔夜，就是“今日事今日毕”。本该今天完成的事情拖到明天才做，容易造成机会错失或其他问题，导致我们在明天需要花更多的精力去弥补。

今天的小问题不处理而是拖到明天，明天的小问题不处理而是拖到后天，最终一定会出现大问题。

（十三）定时报告

接受了别人交代的事情，应定时向对方报告事情进展。若办事周期是跨日的，应每日报告一次。如果不定时报告，别人很可能会突然间追问，那么我们就变得很被动了。定时报告的行为既显示了我们对对方的重视，也可以让对方放宽心，还能有效防止因忘事而出现麻烦。

我们收寄快递时如果能及时看到物流的进展，心里会很踏实，就是同样的道理。

（十四）正向反馈

委托别人办事，当对方把事情完成后，要给对方一个正向的反馈：对方做得好，应给予表扬或者赞美；对方做事有不足之处，委婉地提出建议。这些反馈都是有价值的，因为会让别人觉得做这件事情很有意义。

（十五）思维导图

要想既看到事情的全貌，又看到细节和关键点，使用思维导图是最佳的办法。

思维导图是十分有效的工作工具。使用思维导图，可从多角度清晰地看到事情各组成部分的分类、排序及彼此间的逻辑关系。

思维导图也是很好的思维训练工具，多用思维导图，对思维能力的提升大有裨益。

二、如何跟上级打交道

别人之所以能成为你的上级，一定是有理由的，无论你能不能理解。也许上级身上有许多你看不惯的东西，但也一定有值得你学习的东西。“三人行，必有我师”，在工作中，你大可抛弃那些主观的个人喜好，尽量从上级身上寻找闪光点并学习之。你可以把上级当成坐标，尝试接近甚至超越他，但千万不要试图给上级挖坑，期望他犯错从而趁机取代他，那样做的话，先倒霉的往往是你。

在与上级打交道的过程中，有以下需注意的方面：

1. 弄清楚上级要求自己做某件事情时，他期望的结果是什么，那样我们才有明确的做事方向。

2. 做事过程中，要给上级及时、真实的反馈。不管当下事情进展程度如何，“当日四小时反馈”“跨日每日反馈”都应得到执行，那样才能避免上级因为不知道真实状况而误判、瞎指挥。

3. 向上级征询意见时，应给上级选择题，而非给判断题和问答题。正确的表述方式是：“这件事情我有A、B两个方案，A是……B是……您看是选A方案还是B方案?”而非“这个方案您看行不行”“您觉得这事应该怎么干”。向上级抛出判断题和问答题，根源在于员工害怕犯错，心想只要照着上级说的做，出了问题就是上级的责任，不是自己的。

4. 有时候会遇到我们认为自己手上的事情很重要，但上级却没有优先处理的情况。这时候，不要认为上级“不喜欢我”或者“上级不重视我的岗位”，那是非常愚蠢的想法。上级要处理的不光是你一个人的事，他会斟酌事情的轻重缓急。如果你的事情确实很重要且很着急，而上级没及时处理，那么你可以多次找他。

5. 上级不是神，他也会犯错。你看到上级犯错而不提醒，心里还暗自得意自己比上级还厉害的话，那就大错特错了。看笑话、幸灾乐祸的做法毫无意义，只有上级好，下属才能跟着好。上级若犯下原则性错误，你善意提醒而他未予理会的话，你可以向更上一级的领导汇报。

三、答案在现场

如果某件事情出了问题，你左思右想又不得其解，那么最好的选择是去现场。

在现场，你能看到事情的全貌，聚焦思考。

要解决问题，寻找答案，请从现场开始吧！

四、不要凭直觉做决定

正确的直觉往往源自大量的工作实践经验以及高度敏感性，那种图省事的下意识反应通常都是错误的。

如何把直觉变成一个正确的决定?

步骤一：写下自己的直觉。

步骤二：进行论证，思考自己为何选择这么做，背后的逻辑是什么。

步骤三：征求反对意见。在反对意见中，兴许你能发现自己没考虑周全的地方。

步骤四：作出负面假设的预案——“万一搞砸

了，我们该怎么办?”

步骤五：做出决定并坚定实施。

五、有效沟通

与别人进行沟通之前，首先要明白沟通的目的是什么——目的是让事情有好的结果，而不是分出对错。

沟通要以解决问题为导向，采用恰当的沟通方式，不能由着性子来。

沟通过程中，要确保对方能听明白自己说的每一句话。对方并没有听，或者根本没有听懂，而我们以为对方听明白了，很容易导致问题的出现。最好是在沟通过程中让对方适时做出言语反馈或者动作反馈，以确认对方没有忽略或误解。

此外，沟通不能光讲技巧，还要内心真诚。越是真诚坦率的沟通，越容易取得效果。

沟通的步骤：

步骤一：明确目标。沟通的目的是实现某个目标，而且这个目标必须是大家都认可的。

步骤二：确认现状。交流双方掌握的信息，因为很多沟通最终无效是双方所掌握的信息不一样导致的。

步骤三：倾听对方。重点分析对方的真实意愿以及言语背后隐藏的逻辑。

步骤四：建立信任。最好是能用事实证明自己所说的话。

步骤五：创造亮点。基于对方的兴趣点或从对方利益的角度出发提出建议。

步骤六：邀请互动。互动以后对方才有正向体验。

步骤七：改善意见。各自参考对方意见，对己方意见进行改善，促成一致。

六、沟通方式详解

采用不同沟通方式时需要考虑的维度及效率、特性见表4－1。

表4－1　沟通方式分析简表

沟通方式	维度	效率性	互动性	可靠度
面谈	地点 时间 参与方	低	高	中
书面沟通	工具 时间 参与方	中	低	高

续表

沟通方式	维度	效率性	互动性	可靠度
语音沟通	工具 时间 参与方	高	中	低

七、面谈

面谈是一种成本较高的沟通方式，较为浪费时间、人力、物力、财力——对面谈双方而言都是如此。

（一）适合采用面谈方式的情况

1. 对方对己方信任度低或对需谈之事理解度比较低，需要进一步展示和说服。

2. 不明了对方的意图，需要和对方进行探讨。

3. 事情重要，亦比较紧急，需要尽快和对方取得共识。

4. 表现对事情、对对方的重视。

5. 需要和对方互动才能全面了解信息。

（二）面谈的地点

面谈地点的选择以能更高效解决问题为原则，可以选择己方的工作地点，也可以选择对方的工作地点，还可以选择第三方独立空间。

（三）面谈的时间

1. 谈论重要事项之前应提前与对方确认见面时间。

2. 要考虑对方的作息习惯、身体状态、情绪状态等。

3. 面谈前做好充分准备，以免造成面谈持续时间过短或过长。

（四）面谈前的准备

1. 进行比较重要的面谈之前，要提早将文件传送给对方，让对方有时间思考。

2. 在进行常规面谈之前，要确认已备齐文件、方案、数据、证据等资料。

（五）面谈的过程

1. 视对方对所谈事项的了解程度来选择辅助工具。

2. 适当使用话术。

八、书面沟通

书面沟通指以文件为媒介来进行沟通。

关于书面沟通，有以下要点：

1. 在需要通过文件来沟通的情况下，如果公司对文件设置有格式要求，那么就按照公司规定的格式来制作。做到这点很重要，因为这不仅是制度的规定，还关系到企业的形象。

2. 文件的体例、结构要明晰。

3. 文件传递的信息要简明易懂。例如谁写的、主题是什么、给谁看、希望什么时候得到回复、紧急程度如何等。

4. 文件字体的选择：公司有规定的就按公司的规定，没有的话就视内容而定，例如措辞比较强硬的就用线条较为硬朗的字体，措辞比较柔和的就用线条比较柔美的字体。

5. 文件的各级标题设置正确，数字序号编排无误。

6. 文件的字号不宜过小，也不宜过大。

7. 文件内容中有较多的数据时，尽量将数据转化为图表，以实现高效表达。

8. “一张纸原理”：如果文件页数较多，试试看能否用一张纸写下整份文件大概想要表述的内容。

九、语音沟通

（一）发起通话邀请的要点

1. 如果不确定对方现在能否接听，或者对方是很重要的人物，可以先发短信与其联系。

2. 礼貌表达，确认对方的身份，表明自己的身份。

3. 表明主题。每次通话最好只谈一个主题。

4. 谈及要点时，复述一遍以确认。

5. 沟通结束后，等对方先挂断电话是一种礼节。

6. 沟通结束后可发短信或微信提醒对方。

（二）接听通话邀请的要点

1. 先根据自己当前的状态思考一下是否马上接听。

2. 调整好心情。

3. 倾听对方的说话。

4. 复述对方话中的要点。

5. 若对方跑题，应将话题拉回。

6. 对方提问时，给予明确的答复。

十、向上级汇报的要点

1. 选择恰当的汇报方式。

2. 明确汇报的类别：

（1）建议——汇报的内容不在自己的工作范围内，但在上级的工作范围内。

（2）意见——自己不是事项的发起人，但工作流程要求自己把一把关。

（3）计划——自己心中已有决策，等待上级拍板。

（4）想法——未能下定决定，想听听上级的意见。

3. 不要让上级做判断题和问答题。

4. 消除心理障碍：

（1）不要怕显得自己无能。

（2）不要怕得罪上级。

（3）不用在乎上级怎么看自己。

5. 不马上决策就可能造成损失或令机会丧失的事情，要第一时间向上级汇报。

十一、工作记录

（一）工作记录的用途

1. 整理思维。

2. 避免忘事。附加的功能是能看到自己的时间都去哪了。

3. 供事后复盘和分析之用。

4. 供自证和自我保护之用。

（二）工作记录的写作和整理

1. 公司对格式有要求的，按公司的要求来写。

公司为工作记录制定格式的目的是让记录者形成某种思维习惯。

2. 记录可以是文字形式，也可以是语音形式。

3. 可用关键词记录法，也可用思维导图记录法来写。

4. 每天都要根据工作记录进行复盘、梳理，不做复盘、梳理，工作记录就毫无价值。

5. 可先将工作事项分门别类再记录，例如想法、感悟、思考、计划、项目、会议、时间安排等。

（三）工作记录的作用

1. 用以分析自己把大部分的时间放在了哪些事情上，做某件事到底创造了什么价值，哪些事情其实可以不做。

2. 用以分析自己的“整块时间”和“碎片时间”的利用情况。

3. 用以反思自己的时间安排。

4. 对工作记录中的信息进行再加工，创造出新的价值，例如将工作记录变成培训材料。

十二、工作计划

工作计划要有周期，周期的长短取决于岗位属性、企业的管理周期等。

日工作计划建立在周工作计划的框架内，内容是对明日的工作作出具体安排。周工作计划建立在月工作计划的框架内，内容是安排本周内要做的事情。

工作计划的制订有以下要点：

1. 对要做的事情进行科学排序。

2. 作出负面假设很重要。

3. 环境多变，给自己留点余地。

4. 未做准备，勿订计划。
5. 对自己的生物钟有充分了解。

十三、总结、复盘、反思

大多数的总结是对事件的态度表达或对结果的概述；复盘是对事件的回顾，目的是对比实际结果和计划之间的差异，找到事件的影响因素或事件的变化逻辑；反思是事后的深度思考，它对于自我成长非常重要。

进行总结、复盘、反思，目的都是为了改变。如果目的不是改变，那么说明所做的总结、复盘、反思不过是在走形式。

有用的总结是可以与未来的计划相结合的，即当下的总结就是未来计划的开头。

复盘与反思一定要亲力亲为，自己复盘和上级帮自己复盘、自我反思与被别人敲打，所取得的效果完全不同。

十四、做事的三个“问自己”

1. 事前问自己：“需要我做到什么?”发问的目的是明确目标。

2. 事中问自己：“我还可以做什么?”发问的目的是突破自我思维限制，摆脱思维惯式。

3. 事后问自己：“我能做但没做的是什么?”发问的目的是增加思考的广度和深度。

十五、同事间的关系

1．同事间的关系不好，问题通常出在三个地方：

（1）喜好与偏见作祟，不愿意主动与他人沟通。

（2）产生误会。

（3）工作太闲。

○那些业务繁忙的公司，员工间的关系远远好于那些生意清淡的公司。

2. 搞部门本位、结小圈子，这两种行为都会严重伤害企业，因为这两种行为都是由希望不劳而获的想法引发的。

3. 试图通过建立某种关系来维护自己的工作安全是非常愚蠢的做法。如果两人之间的非工作关系过于紧密，那么一旦彼此间产生冲突，带来的刺激将是加倍的。

○你认为是“大哥”的上级处罚你与非“大哥”的上级处罚你相比，哪个更令你痛苦？

十六、健忘的解决方法

1．能马上处理的事情就马上处理，没能马上处理的要记下来并列入工作计划。列入计划后一定要如期处理，否则不断地拖延，最终还是会忘掉。

2．每天晚上回看当日的通话记录、微信记录、钉钉记录等。

3．和对方约定，若自己在某个时间段内没有回复，麻烦他提醒一下。

4．把需要处理的文件放在桌子上，让自己能随时看到，不要把它们放进抽屉。

5．把要做的事情写在看板上、便签上。

6. 忘了一件事情就给自己一个小惩罚，受点痛才能长记性。

十七、处理工作矛盾

工作中与同事产生矛盾时，先控制情绪是最重要的。

控制住情绪后，按以下步骤操作：

步骤一：复盘矛盾产生的过程，找出双方的问题，就算问题大多出在对方身上，也要想想自己有哪些可改善的地方。

步骤二：找到解决矛盾的方案。

步骤三：主动约对方进行沟通并做好准备。

步骤四：坦率交谈，承认自己也有问题，表达自己的态度和想法。

要注意的是，在矛盾没得到解决之前，千万不要向非上级的其他同事宣讲这件事情，那样做是很愚蠢的。

沟通是有效的解决矛盾的办法。大部分工作矛盾的产生其实与工作的关系不大，最主要的原因还是彼此间有误会或互相看不顺眼。不管原因到底是什么，彼此放下是非对错的执念，进行有效沟通，才有消弭矛盾的可能。

十八、清单管理法

事情重复做得多了，我们就容易心生懈怠，为了图方便而跳过一些做事步骤，结果造成了问题。

所谓清单管理法，就是将需要经常做的事情清单化，将必做动作排序，然后在做的过程中打钩复核，以避免遗漏关键动作。工作之余还要进行复盘，分析哪些动作是有价值的，哪些动作是没有价值的，然后对动作清单进行修正。

清单管理法看似很麻烦，实际上是极为高效的一种工作方法，而运用清单管理法，对养成严谨的工作态度也十分有益。

表4－2所示的动作清单表可供读者参考。

表4－2　×××项目动作清单表

工作项目：×××				
序号	做什么动作	做到什么程度	完成人	复核人
1				
2				
3				

十九、正确方案的形成从试点开始

做事情，谁都想一步到位，立马见效，但坦率地说，这很难做到。一是因为操之过急，我们并没有足够的时间去完整地了解情况。二是因为我们自身的能力、经验、状态很难在短时间内达到成事的要求。三是因为在“时间紧迫”的刺激下，我们很容易采用过激的方法，结果恰得其反。

话又说回来，如果总是害怕出错，不敢行动的话，那么必定会一事无成。

怎么办？

答案是：从试点开始。

如果我们制订的方案没有违规，也没有投机取巧的成分，那么是可以先拿去试行的，然后在试行过程中不断地进行修订，最终自然会成为正确的解决方案。只有把方案付诸实践，我们才能发现想象和现实之间的距离，产生更多的灵感，有更为理性的分析。

试点的关键：

1. 必须做现场复核。不做现场复核，难以确认试点结果的正确性。

2. 有勇于改善的决心。不要害怕丢面子，失败了又为失败找理由才丢面子。

3. 有恒心。不能以利益为导向，不能一味追求短期效果，而不愿意花时间等试点的结果。

05

PART

管理者的自我管理

一、管理就是管人与管事

1. 让人有期待——期待加薪、升职、实现自我价值等。

2. 让事可控制——使用制度，流程，量化或细化的标准，事前、事中、事后管理机制等。

3. 让人和事匹配——利用岗位机制、组织体系等。

4. 让人有认同感——认同企业文化、管理者的领导能力等。

5. 让事有序——制定企业战略、要事管理制度等。

何为正确？何为重要？这些问题是管理者每天都要思考的。

二、管理是为了经营企业

1. 管理的目的在于使企业高效率地实现经营目标，因此管理的结果与价值将体现在企业的经营成果上，如企业的财务报表、核心优势等。

2. 管理是否奏效，衡量标准就是看经营行为是否改变，而经营行为的改变又体现在人的行为发生改变之上，所以，把管理落地就是要改变人的行为。

3. 管理不善会带来四人隐性成本，这四大隐性成本是在财务报表上看不到的。

（1）表现成本。如果员工所做所为并不能为企业创造价值，只不过是做给上级看罢了，那么就会产生表现成本。导致此项成本出现的原因是管理策略的坐标价值导向或绩效导向缺失。

（2）沟通成本。无结果的沟通以及重复的沟通会产生沟通成本。导致此项成本产生的原因通常是工作流程设计有欠缺、决策制度不合理。

（3）机会成本。机会到来时却毫无察觉，或者即便看到了机会也无法把前期的积累和投入转化为业绩，机会成本便会产生。导致此项成本产生的原因通常是管控过度，或者是决策人缺乏经验，在机会面前犹豫不决、优柔寡断。

（4）沉没成本。曾经的投入没有为企业带来有价值的改变，沉没成本便会产生。导致此项成本产生的原因通常是企业缺乏创新能力或保障性投入过高。

4. 有价值的管理是使企业实现以下经营目标：

（1）获得持续获利的能力。

（2）建立起核心优势。核心优势重点体现在业务的高效（做到别人做了但没能做成的）、领先（做到别人想做但没有做的）、创造（做到别人想都没有想到的）。

（3）业务持续增长。

（4）风险可控。

（5）员工人格趋于完善，生活质量得到提升。

三、管理是将事情简单化

1. 工作简单化——有流程，有依据，有方法论（作业书）。

2. 关系简单化——有信任，有正面的感受，有规则。

3. 沟通简单化——有目标，有文化，有结果。

四、制度如何落地

1. 制定制度。制度的三要素——简单、准确、可执行。

2. 制度宣讲与培训。普及制度，增强员工的责任意识。

3. 制度抽查。目的是动态检查制度的执行情况。

4. 制度复盘。每月定期进行复盘，检查制度的有效性。

5. 若要修订制度，原则上只改不加。

五、管理的基本动作

（一）对事的管理动作

对事的管理有五个基本动作，分别是“计划”“意见”“决策”“执行”“复核”，如图 5－1 所示。这五个动作可全部执行，也可部分执行，视实际情况而定。

1. “计划”指基于经验、现场、目标和个人的状态，形成初步方案。

2. “意见”指从计划的对立面出发，思考方案的正确性、可靠性及是否有更多的方案。

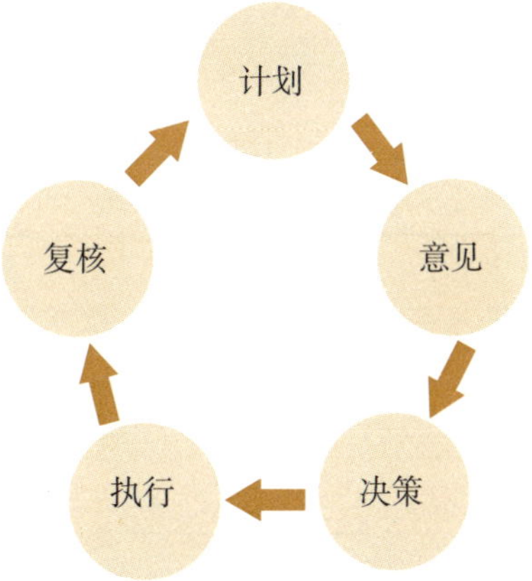

图 5－1

3. “决策”指从多个不同的角度审视方案并做出选择。决策过程中要注意，当前要做的事情，其目的往往是做另一件事情的手段。

4. “执行”不是照搬某种方法，而是要先弄清楚做某件事情的目的以及原则，选择最为高效的方法。我们是对结果负责，而非对方法负责。

5. “复核”不是要分辨谁对谁错，而是查找结果出现偏差的原因。

具体执行管理动作时，可根据事情的类型，结合企业的现状，采取不同的动作组合。在实际工作中，不同部门、不同岗位的管理者可针对不同类型的事情，列出如表 5－1 所示的表格来对照选用管理动作。

表 5－1　管理动作表

管理动作	事情
执行	×××
执行＋复核	×××
计划＋决策＋执行	×××
计划＋意见＋决策＋执行＋复核	×××
……	……

（二）对员工的管理动作

对员工的管理动作有七个，分别是“目标”“示范”“要求”“纠错”“激励”“反馈”“标准”，如图 5－2 所示。

1. “目标”指向员工阐述需要达到的目标，以及实现目标后所能获得的利益，从而让员工产生动力和压力，提升工作的专注度。

执行此动作时需要注意以下几方面：

（1）目标包括组织目标和个体目标。

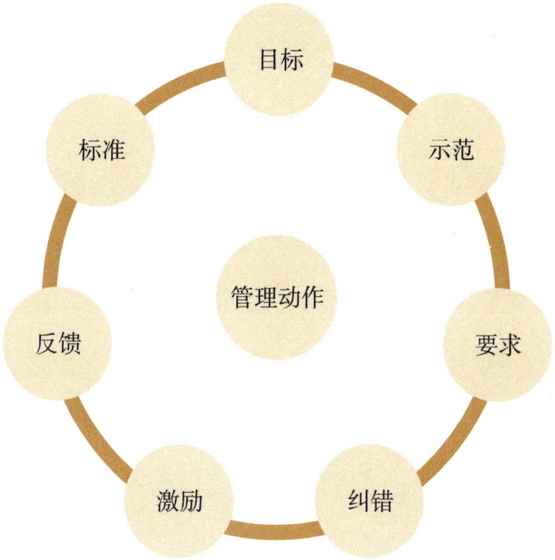

图 5－2

（2）员工工作的意义与价值。物质利益解决的是“干还是不干”的问题，工作的意义与价值解决的是“能否干好”的问题。

（3）目标应有实现周期且可量化。

2.“示范”包括亲身示范——让员工观察和学习，以及身体力行——与员工共同参与。

管理者亲身示范，员工便有了学习的榜样、可参照的标准；管理者身体力行，员工对管理者就会更为信服，也更受激励。两者都能提升员工对做某件事情的接受度和信心。

3. “要求”是指通过语言、文字等工具向员工发出指令。

很多管理者喜欢用这个动作，因为执行这个动作比较轻松，万一出了问题也容易把责任推到员工身上。但在管理实践中，此动作能取得的效果较差，而且容易让管理者产生管理惰性。不过，在所管理的员工人数超过 10 个、指令具有强制性、管理者比员工更有把握等情况下，采取此动作是必要的和有效的。

4. “纠错”指对员工所做的工作进行追踪，了解真实的工作进展，并对员工在工作过程中出现的动作偏差进行纠正。

需要追踪的事情包括确定员工是否养成了某种习惯，需要了解的内容包括员工的反馈、工作对象的反馈、实地调查的结果等。

常执行此动作比较容易培养出执行力强的团队——虽然给员工施加的压力大，但确实有效。

5. “激励”指通过语言鼓励、开展团队竞赛、设立团队项目、设立利益反馈机制等手段对员工进行刺激，以对其工作状态产生正面影响。

6. “反馈”指对员工的工作结果给予正向回应，让员工有成就感。获得成就感是员工愿意继续努力的关键因素之一。

执行此动作的关键点是要了解员工的性格、喜好等特质，回应的方式和回应的内容因人而异，需要“量身定制”。

7. “标准”指发现、提炼、拆解那些在实践中被证实为有效、有价值的员工动作，形成动作标准，让更多的员工能够快速学会。

（三）对组织的管理动作

1. 把经验逻辑化，形成方法论。

经验是我们从以往的工作经历中总结出的知识，它能让我们少犯错，但没有逻辑化的经验仅适用于过去的工作场景，不能用来指导未来的工作。我们要对经验进行分类、排序、关联等，把经验逻辑化，形成方法论，并将其应用于未来的工作。

2. 把问题深入化，找到新机会。

问题从何而来？通过问题产生的公式（“问题

＝标准－现状”），我们很容易得到答案——要么是标准出了问题，要么是现状出了问题。但是，光看标准和现状是不够的，当问题出现时，我们应透过问题的表象，深入思考问题的本质是什么，即问题的背后是否隐藏着某种未曾被发现的逻辑。

一旦发现新的逻辑，我们就找到了解决问题的新途径，创造出新的方法，发现新的机会。

3. 把有效动作制度化，形成习惯。

如果我们发现在某个场景下的某个动作是有效的，能够产生价值，那么我们要把这个动作制度化，让更多的人使用并最终形成习惯，那样就能加快企业创造价值的速度。

六、自我管理的核心

自我管理的核心是“态度”与“改变”，而“态度”的核心在“律己”，“改变”的核心在“主动”。

（一）严于律己

1．管理好自己的心。

（1）明白员工的问题出自管理不善。

（2）认同功劳永远是员工的。

（3）永远比员工能吃苦。

（4）关心员工所喜爱的。

（5）明白员工怕你胜于爱你。

（6）赞赏伤害你的员工。

（7）“一做，二批评，三处罚”。

（8）明白企业发展“不靠精英，靠平凡人”。

（9）明白“无私则勇，私重则怕”的道理。

（10）做不喜欢的事也要有愉悦的心情。

2. 管理好自己的手。

（1）重要的事情做好记录，每日回顾。

（2）每周六做下一周的计划，每日都把次日的计划再细化一下。

（3）每日一总结，盘点那些能做但没有去做的事。

（4）每日7：30之前制作出部门简报。

（5）每日都要了解员工或部门的工作情况。

（6）每日的工作时间规律化。

（7）每周清理一次办公室，包括所有文件。

（8）每天读至少一个小时的书，每月读一本书。

（9）每日都向上级或老板主动汇报。

（10）每日看一遍经营数据和目标达成情况。

3. 管理好自己的嘴。

（1）不要说“不可能”，更不要说“可能”；不要说“我觉得”，而是说“我认为”；不要说“下面的员工”，更不要说“我的员工”；不要说“意见”，而是说“建议”；绝对不要在员工面前说“后悔”。

（2）说事不要超过三点，分清“一”“二”“三”；对方没做记录时，一定要复述。

（3）开会时不要只谈论一个员工的表现，要考虑全体员工的感受。

（4）谈重要的事情时不要怕啰唆，你的啰唆会让对方“长记性”。

（5）没有真凭实据时不要责问员工，给上级提建议时必须给两套方案。

（6）不要拿自己的员工和别家公司的员工比，更不要拿员工和曾经的自己比。

（7）在与员工进行沟通前，先想好这次沟通能改变什么；在发脾气前，先想想发脾气能改变什么。

（8）与员工一对一时，要“当面批评，背后表扬”；与员工一对多时，要“当众表扬，单独批评”。批评不能“翻旧账”，拿员工曾经犯的错来说事。

(9) 与员工进行沟通时，语言要简单、通俗，不要长篇大论。

(10) 能少说就尽量少说，因为说是最容易但最没有效力的管理方法。

4. 管理好自己的脑。

(1) 任何计划都要先做两套方案，然后再优化决策。

(2) 做重要决策之前先想好并写出来，过些日子再决定。

(3) 民主讨论实行集中决策。民主讨论的目的是商讨决策尚未考虑到哪些方面或在推行过程中可能遇到的问题，他人的意见仅供参考，决策权在管理者手上。

(4) 正确的决策往往是在现场、在争论中想到的，它有可能不被大部分人认可。

(5) 重要的决策信息要从现场获取，只相信眼睛，不相信耳朵。

（6）很多时候，基于经验的直觉是正确的、可行的，但也要经过思考和验证。

（7）决策最忌讳的是凭个人喜好、情绪化、作假设。

（8）俗语有云："越害怕什么越来什么。"做决策要有勇气，但也要做好最坏的打算。

（9）企业倒闭多是因为领导者的决策出了问题。要多研究那些失败的决策，从中吸取教训。

（10）旧问题的解决有可能会带来新问题，今天碰到的问题往往来自昨天制定的解决方案。

5. 管理好自己的行事。

（1）想想哪些事情要自己做，以及为什么必须自己做。

（2）想想哪些事情应交给别人做，自己对过程进行管理即可。

（3）想想哪些事情应交给别人做，但一定要看到结果。

（4）想想哪些事情可告知别人，哪些事情只能自己知晓。

（二）主动改变

1. 反思过去。把过去行之有效的方法、经验转化为标准或方法论，让更多的员工更快地掌握，以此提高工作效率。

2. 思考未来。学习知识或者其他企业身上的亮点并开展试点。试点有可能失败，但如果不试点，企业很可能没有未来。

3. 观察现场。去现场找问题——找现实与计划的差异、现实与标准的差异、现实与自己想象的差异。

4. 不忘初心。安于现状、害怕试错的人不适合当管理者。主动改变是优秀管理者的特质，而动力则源于对现状不满足。改变的初衷应该是为了将事情做得更好，而不是为了表现。因此，在打算采取一些改变的措施之前，不妨先问一下自己的出发点是否正确。

七、一些基础的管理行为

1. 要去现场、看现物，方能得“现识”。

2. 要有利他思维，要以目标为导向，要对结果负责。

3. 与上级沟通，遵守“用数据说话，阐述事实，不谈感觉”“给选择题”“意见不同，即时反馈”“四小时反馈”“当日反馈”等原则；与员工沟通，能用图表就不用文字，能现场示范就不在办公室交流，能一分钟讲明白就不搞长篇大论。

4. 信事不信人。不能因为对人放心而撒手不管，那样很容易出问题。

5. 看问题要看问题的本质而非问题本身。

6. 干员工不敢干、不会干、不相信的事情，自己做到后，再要求员工做到。

7. 心态上，先向内看问题；行动上，先做能做到的；态度上，先找自己的问题。

8. 在奖励方面遵守“奖励以前没有做到的”“正向给予而非减少处罚” “不与员工争功”等原则。

9. 养成好的管理习惯，如每日早上实施目标激励，晚上进行总结批评及做次日的计划；每周抽出半小时倾听员工的抱怨或参加群体活动（培训及小聚会等）；每月召开复盘检讨会；在每月的发薪日与员工进行沟通；等等。

10. 在与员工共同经营方面，推行“每日员工一招方法论”“每周三要事”，每月召开经营报表分析会。

11. 用人方面“下人要快，看人要慢”，在新员工入职的第一周，每日应与新员工沟通半小时。

12. 做事策略：

（1）重要但没干过的——借鉴。

（2）重要且干过的——创新。

（3）不重要且干过的——习惯。

（4）不重要且没干过的——模仿。

13. 管理员工做事的方向：

（1）想干且会干的——考核。

（2）不想干但会干的——死盯。

（3）想干但不会干的——培训。

（4）不想干也不会干的——运动。

14. 布置任务的话术：

“这件事情只有你能做，因为……”

“这件事情对企业……同时对你……”

“这件事情我们的目标是……”

“这件事情的关键点是……”

“在这个过程中，我们将遇到……需要……”

“我相信你会全力以赴，我会全力配合，有问题请……”

15. 听取下属的计划、建议、汇报等的话术：

“这件事情的目的是什么？为什么？”

“这件事情最坏的结果是什么？我们该如何应对？”

“这件事情的关键点是什么？我们需要做哪些准备？”

“要做好这件事情，我们自身需要具备什么？为什么？”

“就按你说的办！”

16. 组织开会的要点：

（1）上交手机。

（2）不提供会议记录，让员工在会议结束后自己写出来。

（3）每次会议设一个主题，谈及重要的事情时要强调三遍。

（4）不要怕员工觉得你啰唆，你越啰唆，员工记得越牢。

八、两个管理工具

（一）川南 OTACSRNIO 决策分析法

1．初衷（O）。

为什么要做这件事？

还有其他办法能达到目的吗？

这个初衷有个人情绪的成分在里面吗？有个人喜好的成分在里面吗？有个人欲望的成分在里面吗？

2. 目标（T）。

这个项目或这件事情的目标是什么？

用什么数字或者现象来衡量？

这个目标能促使我们改变自己吗？

3. 优势（A）。

我们是否有这方面的积累性优势？它是什么？能肯定吗？

4. 机会（C）。

目前的外部环境是否有利于做这件事情？外部环境是否正处于变化中？

我们凭什么抓住这个机会？

5. 策略或人选（S）。

是自己干还是选人来干？

做这件事情的策略是什么？是创造吗？是借鉴吗？是模仿吗？是习惯吗？

这件事情谁来做合适呢？为什么？其能获得的利益是什么？

6. 要求（R）。

要做这件事情，我们需要具备什么？

我们将如何满足要求？

我们自己要改变什么？

7. 负假设（N）。

如果最终没有达到我们的目标，该如何处理？

我们能否承受投入所带来的风险？

我们的具体方案是什么？

8. 投入（I）。

做这件事，我们费用方面的直接投入是多少？

做这件事，我们的时间、精力投入几何？

做这件事会影响我们正在做的其他事情吗？有哪些？

9. 产出（O）。

做这件事，直接产出是多少？

做这件事对我们提升工作效率有多大帮助？

做这件事提升了我们的哪些优势？

（二）问题思考决策法

1. 定义问题。

我们到底要做什么？

问题 = 目标 – 现状

2. 构建逻辑：经验—理论—现象。

3. 思考现状。
4. 找到最优策略。
5. 场景及应用倒推。

九、最重要的三点

（一）做即正确

事情做得对不对，是需要结果来验证的，在结果出现之前，谁都不知道做得对不对，只能边做边看。因此，从这个角度来看，“做”的行为本身是正确的。

迈出做的第一步，就实现了从“0”到“1”的跨越，往后的所有事都是在“1”的后面加“0”。

（二）工作即训练

要想提升能力，就要不断从实践中取得感知，在实践中验证想法，在实践中主动思考。因此，我们大可把每项工作都当成训练项目，用工作训练我们的心性、思维、动作。我们应更看重在工作中学习的过程，而非工作的结果。

（三）思考自己能做什么

有很多事情，如果我们不去做，那么永远都不会明白。因此，不要总是去想“为什么要这么做”，想得再多你也想不出个所以然，要去思考“我能做什么”并迅速采取行动，这样做才是有意义的。